나의 삶과 하나님의 기적

국립중앙도서관 출판시도서목록(CIP)

나의 삶과 하나님의 기적 : 장선희 신앙체험수기 / 지은이:
장선희. ―― 대전 : 오늘의문학사, 2014
    p. ;   cm

ISBN 978-89-5669-596-9 03230 : ₩7000

간증(종교)[干證]
기독교[基督敎]

234.82-KDC5
248.2-DDC21   CIP2014004294

나의 삶과 하나님의 기적

| 장선희 신앙체험수기 |

오늘의문학사

책머리에

주안에 있는 나에게 딴 근심 있으랴
십자가 밑에 나아가 내 짐을 풀었네

그 두려움이 변하여 내 기도 되었고
전날의 한숨 변하여 내 노래 되었네…….

신앙수기를 쓰고 난 후 내 입에서 뜨겁게 흘러나왔던 찬송
이었습니다. 잡초 같은 저의 긴 삶의 여정에 주님께서 한없는
사랑을 부어 주셨습니다. 저의 영혼의 강에 수없이 흐르는 눈
물들을 닦아 주셨습니다. 주님의 사랑과 위로가 없으면 살 수
없었던 삶이었기에…….

이 보잘것없는 저의 신앙수기가 저처럼 굽이굽이 힘든 삶을
살아가고 있는 사람들에게 전해져 은혜가 되고 위로가 되어
강한 믿음으로 일어설 수 있는 계기가 되었으면 하는 것이 저
의 소망입니다.

먼저 이 책을 저처럼 고통 받는 사람들을 위하여 바치고 싶
습니다.

더없이 귀한 영적 자산을 주신 목사님, 전도사님들!

믿음으로 함께 기도하며 호흡했던 따뜻한 교회 식구들!

어려운 환경에서도 밝고 맑게 잘 자라 준 자랑스러운 아들 딸들!

늘 격려와 돌봄을 아끼지 않았던 사랑하는 남편!

모두가 금보다 귀한 주옥같은 추억을 이 부족한 자에게 남겨주셨습니다. 이제 모든 분들의 사랑스런 열매를 모든 분들에게 돌려드립니다.

부족한 채로 그대로 드립니다.

그리고 무엇보다 나의 전부가 되시고 나의 온전한 소망이 되시는 아버지 하나님께 드립니다. 연단의 아픔 가운데 지내던 수많은 밤, 기도의 눈물로 얼룩졌던 성전에서 주시는 말씀과 사랑을 압니다.

그 사랑이 저를 빚으시고 이 간증을 엮어 내었습니다.

모든 영광 받으소서. 아멘.

장 선 희

추천의 글

깊은 심야에, 그리고 새벽 기도 시간마다 부르짖는 권사님
의 기도소리를 들으면 때로는 같이 힘이 나고, 때론 가슴이 저
미어 오기도 하며, 어디서 저런 힘과 열정이 나올까 부러워지
기도 하며, 권사님의 생애를 통해 함께 하셨던 주님을 묵상하
면 감사가 절로 나옵니다.

권사님은 기도의 사람입니다. 기도의 능력을 체험하신 분
이며, 기도로 승리하신 분이십니다.

권사님의 별명이 '아멘 권사님'이신데 설교 시간마다 화답
하는 큰 '아멘' 소리는 설교하시는 모든 분들과 저에게 큰 힘이
됩니다. 권사님은 모범적인 목장 리더로 목장을 잘 이끌고 있
으며, 전도부장으로 열심히 전도하고 있고 맡은 여전도회 회
장으로써 최선을 다해 섬기고 있습니다. 뿐만 아니라 교회 물
질봉사도 많이 하며 이웃의 어려운 분들을 돕고 어려운 개척
교회까지도 돕고 계십니다.

　말로 다 할 수 없는 고난의 삶을 사신 권사님께서 오직 믿음
과 기도로 모든 역경을 헤쳐나간 이야기를 담은 이 책을 통해
기도의 능력을 다시한번 확인할 수 있습니다.

　우리의 기도에 응답하시며 우리의 작은 신음에도 응답하시
는 하나님을 만날 수 있습니다.

　하나님은 약한 자를 들어서 사용하십니다. 이 신앙 수기를
통해 약한 자를 강하게 하시는 하나님을 체험해 보시기를 바
랍니다.

　권사님의 말처럼 많은 어려움을 당하고 계시는 분들에게 이
책이 위로와 소망과 도전이 되었으면 합니다. 이 책이 하나님
의 능력을 사모하는 모든 분들에게 작은 안내서가 될 것을 믿
으며 적극 추천합니다.

기독교 대한성결교회 충일교회
담임목사 **김 낙 문**

축시

인동초 같은 그녀
　— 장선희 체험수기 발간에 즈음하여

문 희 순 (시인, 수필가)

엄지손가락은 철심이 박혀 있어
굽어지지 않고
비가 오거나 흐린 날에는
머리의 통증 때문에
눈을 뜨는 것도 힘들어요
온 몸은
지난날 폭력의 흔적으로
여기 저기 빨간불이 켜져 있고요

그럼에도
어려운 이웃의 힘든 눈물 앞에
사랑의 손수건 건네주며
기쁨 함께 하려
새벽부터 늦은 밤까지
작은 손으로
김밥 한 줄 한 줄
정성과 사랑의 꽃을 피우며
행복을 만드는 가슴이 따뜻한 그녀

'몸이 부서질 때까지
빛과 소금으로 살고 싶어요.'
봄은 그녀에게 올 거예요

차례

책머리에 ·· 4

추천의 글 ‖ 김낙문(목사) ·································· 6

축시 ‖ 문희순(시인, 수필가) ···························· 8

사랑받지 못한 어린시절 ···································· 13

13살에 시작된 객지생활 ···································· 17

끈질긴 악연과 인연 ·· 19

늪의 씨앗은 태어나고 ······································ 22

불행의 씨앗들 ·· 26

엄마는 강하다 ·· 28

8년만에 교회에서 결혼식을 올리고 ················ 30

불쌍한 아이들 ·· 32

어려움 속에 신앙생활은 시작되고 ·················· 34

주님의 일이라면 ··· 38

하나님의 기적, 기적의 보너스를 주시고 ········· 41

은혜의 통로 ··· 44

반복되는 일상에서 지쳐만 가는 나 ················ 46

차례

친정아버지가 돌아가셨다 ·············· 48

보따리를 싸고 풀고 ·············· 50

드디어 지옥의 늪에서 탈출하다 ·············· 52

객지에서 본 밤하늘의 별은 아이들 얼굴로 보이고 ······ 56

다람쥐 쳇바퀴 도는 내 인생 ·············· 59

죽으면 죽으리라 ·············· 62

제2의 인생이 시작되다 ·············· 65

주님은 언제나 내 곁에서 ·············· 67

내 이름은 장선희 무서울 것도 없다 ·············· 71

웨딩드레스와 하나님의 기적 ·············· 73

살기 위해 기도하고 기도하기 위해 산다 ·············· 75

사랑하는 내 딸아! 아무 염려하지 말아라 ·············· 77

기도의 응답은 계속되고 ·············· 79

하나님께 쓰임 받는 영광스러운 삶이 ·············· 82

사랑받지 못한 어린 시절

내가 태어난 곳은 대청호의 물결 자락이 유유히 흐르는 충북 청원군 문의면에 있는 작은 마을이다. 세 살 때 아버지, 어머니, 언니, 동생들과 신탄진이라는 곳으로 이사 와서 살았다. 나의 인생은 거기에서부터 시작되었다.

내 나이 여덟 살 때부터 동생을 돌봐야 되는 형편이어서 초등학교 일학년 때부터 동생을 업고 학교에 등교를 해야했다. 학교에 가서 동생이 똥을 싸거나 오줌을 싸게 되면 친구들에게 냄새 난다고 놀림을 받게 되었고 그런 동생을 업고 집으로 돌아와서 치워주어야 했다.

어린 나이에 참 힘든 시간이었다. 한참 친구들과 신나게 놀고 싶을 나이에 공부가 하고 싶어 울기도 많이 했다.

엄마와 아버지는 담배 농사를 지었다. 그래서 저녁 늦게야 돌아오시곤 했다. 나도 시간이 날 때마다 밭에 나가 담배 벌레도 잡아야 했다.

그러던 어느 날 친구하고 감을 주우려고 갔는데 홍시가 나무 가지 끝에 매달려 있어서 동생을 친구에게 잠깐 맡기고 올라갔는데 그 사이 친구가 동생을 바닥에 떨어뜨리고 말았다. 엄마한테 곧바로 말씀을 드렸어야 하는데 나는 혼이 날까 겁이 나서 엄마에게 말씀을 드리고 못했는데 그 일이 있고 난 후 동생은 시름시름 앓다가 죽고 말았다.

나는 가족들에게도 사랑받지 못했다. 모든 것이 내 잘 못인 것만 같았는데 가족들은 내 탓인 양 가끔 '죽으라고 죽어'란 말을 가족들에게 들을 때마다 나는 펑펑 울며 소리를 쳤다. '싫어, 나는 코가 땅에 달 때까지 살 거야'라고 울면서 말하곤 했다.

사람들이 '너의 엄마는 다리 밑에 있다'고 말할 때 정말로 나의 친 엄마는 다리 밑에 있을 지도 모른다는 생각을 했었다. 어렸을 때부터 사랑받는 사람이 커서도 사랑받고 산다고 했다. 어린 나이에 마음의 상처를 받을 때마다 너무 힘들었다.

학교에서 공부를 하다가 온몸이 두드러기가 나서 집으로 돌아오니 엄마는 엄마가 불 때는 곳에다 세워놓고 맨살에 소금을 뿌리고 빗자루로 때리며 소리를 치며 다 낳았다고 했다.

어느 날은 학교에서 봉투에다 쌀이나 보리쌀을 넣어 가지고 오라고 했다. 엄마한테 말씀을 드리니 나에게 보리쌀을 담아주셔서 가지고 갔다. 선생님께서 나를 불렀다. 무엇을 잘못 했나 가슴이 두근두근 했다.

육성회비를 못 내서 부르시는지, 무슨 잘못을 해서 부르시는지 겁에 잔뜩 질려서 선생님께 가니 언니을 데리고 오라고 하셨다.

언니와 함께 가니 어려운 가정에 준다는 쌀과 보리쌀을 언니와 나에게 주시는 것이었다. 나는 어린나이에도 눈물이 났다. 고마운 마음도 있었지만 우리집이 그렇게 못 사는 것이구나 생각하니 더 서러운 눈물이 났고, 그런 나를 보고 엄마도 많이 우셨던 것 같다.

우리 마을에는 큰 강이 있었다. 여름에는 수영장이 되기도 했던 고향은 참 살기 좋은 마을이었다.

나는 학교에 갔다 오면 개구리를 잡으러 갔다. 동생이 많이 약해서 동생을 먹이려고 했던 것이다. 엄마는 내가 잡아온 개구리를 불에다 구워서 동생에게 먹이곤 하셨다.

다슬기 잡고 친구들과 쑥도 캐던 어린 시절, 학교도 더 가고 싶었고 공부도 더 많이 하고 싶었다. 그런데 담배 농사가 점점 더 잘 안 되어서 우리 집은 더 기울어지기 시작했다.

집 형편이 더 좋아지지 않으니 아버지는 매일같이 술을 드셨다. 술을 드시고 집에 들어오시는 날은 소리를 고래고래 지르시고 엄마는 그런 아버지를 보며 속을 썩이곤 하셨다. 아버지는 담배 농사를 그만 두시고 우물 파는 일을 시작하셨지만 그것도 가정을 돌보기에는 역부족이었다.

나는 쌀밥을 먹어보는 게 소원이었다. 눈에 별이 보이는 듯 어지럽기도 했다. 다리가 힘이 없어서 견딜 수가 없었다.

방앗간을 하는 부잣집에서 우리 집 형편을 알고 나를 데리고 가서 밥도 주고 그곳에서 살게 해주셨다.

13살에 시작된 객지생활

사촌언니가 왔다. 사촌언니는 부평소사에서 가발공장에 다닌다고 했다. 가정형편이 어려우니 학업을 접고 큰엄마, 동생 데리고 가서 가발공장에 일하게 해주겠다고 데리고 갔다. 그때 내 나이 13살이었다.

어린 나이에 가발공장에서 일한다는 것은 쉬운 일이 아니었다. 각자 주어진 작업시간에 목표량을 달성해야 했고, 공장의 먼지와 소음, 공해는 마음껏 뛰어놀며 공부해야 할 어린 나이에 마음의 상처이기도 했다.

가발 공장에서 일하게 된 어느 날, 점심시간이 되어서 친구와 점심을 먹으러 나오는데 공사중인 이층에서 문짝이 떨어지면서 내 머리에 부딪치게 되었다.

정신을 잃었다. 뜻하지 않은 사고로 머리를 다쳐서 깨어나니 병원이었다. 그 자리에서 정신을 잃고 의식을 잃은 채 3개월 하고도 15일만에 깨어난 것이라고 했다.

문짝이 머리 위로 떨어져서 13살 난 소녀는 사경을 헤매며 나는 하나님의 음성을 들었다.

'때가 아직 안 되었으니 다시 내려가라!'시는 주님의 음성을 듣고 깨어났다.

병원생활 1년 만에 고향에 다시 내려오게 되었다. 고향에 내려와서도 반겨줄 사람이 없으니 바로 청주에 있는 큰언니 집으로 갔다. 언니는 과일장사를 했다. 조카들도 돌봐주고 언니 밥도 갖다 주고 아이들도 돌보고, 청소도 하고 집안일을 도와주며 지내게 되었다.

끈질긴 악연과 인연

언니네 집에서 1년 정도 지낸 가을이었다.

3일 후면 추석이었다. 언니 집에 작은 창문이 있는데 청소를 하려고 문을 여는데 한 남자와 눈이 마주쳤다. 놀라서 얼른 문을 닫고 아무 일도 없었던 것처럼 그 눈빛에 놀란 가슴을 쓸어내리며 청소를 끝냈다.

그날 저녁, 언니네 가족들의 눈을 피해 낮에 보았던 그 남자가 집으로 쳐들어왔다. 끌려가지 않으려고 몸부림을 쳐도 입을 막고 얼굴을 후려갈기며 상처를 내고 끌고 가 택시를 태워 여관으로 밀어 넣었다.

밤새 얼굴이며 몸이며 사정없이 때리는 것을 힘도 없는 어린 여자아이였던 나는 아무런 반항 한번 하지도 못하고 맞기만 했다.

가족에게 들통이 날 것이 두려웠는지 그 다음날은 또 다른 곳으로 끌고 갔다. 끌려간 곳이 첩첩산중 속리산이었다. 정확히 이곳이 어디인지도 모른 채 방안에 갇혀 있었다. 그 남자는 자기가 외출할 때는 밖에서 문을 잠그고 나갔고 들어와서는 구타와 욕설을 퍼부어댔다. 정신병자 같았다.

바로 이곳이 말로만 들었던 지옥인 듯 했다.

눈물과 한숨으로 지낸 나날이었고 너무 무서워 도망치려고 해도 그럴 때마다 어찌해야 될지 방법도 모르는 채 속수무책이었다.

그 남자는 밤이고 낮이고 본인의 성욕을 채우며 욕심을 채웠고, 나는 짐승만도 못한 대접을 받으며 하루하루를 지냈다.

그런데 엎친 데 겹친 격으로 내 뱃속에 아기가 자라는 것도 모르고 내 몸이 살이 찌는 줄 알았다. 그런데 이웃집 할머니가 아무래도 아기를 갖은 것 같다고 병원에 가보라고 하셨다.

내 나이 17살, 병원에서는 임신이라고 했다.

배는 자꾸 불러오는데도 하루가 멀다하고 구타를 했다. 어떤

이유가 있어서도 아닌 습관처럼 나를 때리곤 했다. 아기를 임신한 채로 산에 가서 나무도 해 와야 했고, 시키는 일은 뭐든지 해야 그마저도 구타에서 조금은 벗어날 수 있다고 생각했다.

도망을 가자고 수십 번 생각을 했지만 도망가기만 하면 너희 집 식구들을 모두 죽여버리겠다고 협박하는 그 사람이 무서워 도망가는 것은 미루어지기만 했다. 정말 내가 도망친다면 금방이라도 윽박지르던 말대로 실행에 옮기고도 남을 사람인 것 같았다.

늪의 씨앗은 태어나고

하루하루 시간이 지나가고 배가 많이 불러왔다.

배가 아팠다. 찢어질 듯 통증이 왔지만 식구들 누구 한 사람도 신경 써 주지 않았다. 새벽부터 시작된 진통은 하루 종일 계속 되었고 저녁 9시 35분에 오랜 진통 끝에 아이가 태어났다. 아들이었다.

아기를 낳은 지 하루 만에 일어나 다시 또 일하고 밥하고 산에 가서 나무를 해오고 아기를 낳은 후의 몸은 더 지치고 힘이 들었다. 산에 가서 나무를 하다가 옻나무인지 모르고 해왔더니 온몸이 옻이 올라서 머리서부터 발끝까지 두드러기가 나고 부스럼이 생겨서 긁고 피가 났다. 고향에 있는 가족들이 생각

나고, 집에 가고 싶어서 밤마다 젖먹이 아기와 함께 눈물로 시간을 보냈다.

그런데 갑자기 해인사가 있는 곳으로 이사를 간다고 했다. 거기에서 큰집하고 함께 살았다. 이사를 가고 큰집과 함께 살아도 그 남자는 변한 게 없었다. 그곳에서도 구타와 욕설은 계속되었다.

죽고 싶었다. 그 남자에게 끌려온 지 벌써 2년이 되었다. 나는 벌레만도 못한 대접을 받았다. 그 남자는 얼굴이며 몸에 피가 나도록 때렸다. 그 남자는 피가 보여야 때리는 것을 멈추었다.

그렇게 1년을 해인사 근처에서 살다가 작은 방 한 칸을 얻어 대구로 이사를 왔다.

아기 아빠는 그곳에서 방위를 받았다.

나는 아기와 당장 먹고 살기 위해 리어카 작은 것을 사서 수박 장사를 시작했다. 자두도 팔고, 번데기도 팔았다. 그런데 또 내가 아기를 갖은 것이다. 임신한 줄도 몰랐다.

내 나이 19살, 아들은 엎고 리어카를 끌고 장사를 하는 것도 너무 벅차고 힘들었는데 또 임신이라니 나의 몸이 부수어지는 것 같았다. 첫 아이는 업고 배는 점점 불러오는데 대구 칠성시장으로 장사할 과일을 사러 걸어갔다가 리어카에 싣고 수박을 여기저기 팔러 다니려니 주저앉고 싶을 때가 한두 번이 아니었다. 홀몸도 아닌데다 잘 먹지도 못하고 일만 해대니 온몸이 온전할 리가 없다.

대구에서도 7번이나 이사를 했고 아이의 아빠는 하루가 멀다 하고 내게 손찌검을 해대니 주변 사람들은 안타까워했지만 남의 일이라 어떻게 도와줄 방법을 찾지 못했다.

수박 장사는 한철이라 눈깔사탕도 팔아 보고, 포장마차에서 핫도그도 구워서 팔았다. 길거리에서 장사하는 것은 단속이 자주 나왔다.

단속이 나올 때면 단속반을 피해 불러오는 배를 움켜쥐고 도망가기도 하고, 몸을 숨기기도 했다. 어린 나이에 겪어야 할 아찔한 순간들이 너무 벅찼다.

그래도 일할 때가 집에 있을 때보다는 나은 것 같았다.

집에 가기가 싫었다. 나는 그 남자가 너무 무서웠다. 조금 늦게 들어가는 날에는 그 남자는 장사하는 데까지 쫓아와 장사하는 리어카를 부수고 길바닥에 나를 패대기치며 발로 차기도 했다.

옆에서 장사를 하시던 아주머니 한 분이 그런 나를 꼭 끌어안아 내 배가 다치지 않게 해주셨다. 참 고마운 분이다. 하늘을 쳐다보며 눈물이 하염없이 흘러내렸다. 부서진 리어카가 아까워서가 아니었다. 두 살 된 아이와 뱃속에 있는 아이와 어찌 살까 서러움이 북받쳐 왔다.

그 남자는 술에 취했을 때는 그런 행패를 부리다가 술이 깨고 나면 잘못했다고, 다시는 그러지 않겠다고 용서를 빌곤 했다.

생활력 없는 사람, 나를 너무 힘들게 하는 사람, 그 남자의 두 번째 아이가 또 뱃속에서 자라고 있다.

불행의 씨앗들

어느 날 배가 아파서 데굴데굴 굴렀다.

병원 갈 돈은 없고 죽을 것만 같은 고통 때문에 소리를 쳤다.

그 사람은 나를 택시에 태우고 대구 대학병원 앞에서 나만 문 앞에 내려놓고 사라졌다.

3시간 정도 문 앞에서 통증에 못 이겨 뒹굴었던 것 같다. 병원 안에서 간호사가 나와서 치마를 들춰보고 큰일 났다고 소리치며 병원으로 들어가더니 환자용 이동침대를 끌고 나와 응급실로 싣고 들어갔다.

의사와 간호사는 나를 보더니 아기가 나온다고 하면서 달려들어 아기를 받아주었다. 두 번째 아이가 태어났다.

아기와 산모가 너무 말랐다고 걱정을 했다. 그렇게 15일이 지나고 그 사람이 왔다. 병원에서 퇴원을 하고 몸조리를 해야 하는데 제대로 몸조리를 할 수도 없었다.

언니가 두 번째 아이를 낳았다는 소식을 듣고 집에 와서 쌀과 연탄을 사주고 갔다. 하룻밤이라도 묵었다 가야하는데 방이 한칸이고 한 사람도 더 누울 장소도 되지 않아 그 날로 돌아갔다.

그날 밤도 한달도 되지 않는 나를 욕설을 퍼붓고 때리더니 성이 안 풀렸는지 부엌에 있는 그릇과 고추장 단지 등 손에 닥치는 대로 부수고 소란을 피웠다.

그 소리를 듣고 옆집 아주머니가 나를 아주머니 집으로 피신시켜 주었다. 새벽에 집으로 들어가 보니 성한 것이라고는 하나도 남기지 않고 온통 집안 살림을 부수고 그 사람은 잠들어 있었다.

엄마는 강하다

나이는 어렸지만 그래도 엄마는 강하다.

두 아이들 때문에 도망 갈 수도 없다. 대구에서 신탄진으로 이사를 했다. 돈 때문에, 욕설과 행패 때문에 사람같이 살지 못할 바에는 몇 번이나 죽을까도 생각했다.

그러나 두 아이들이 눈에 밟혀서 이러지도 저러지도 못하고 거리에서 또 장사를 시작했다. 순경 아저씨들이 길거리에서 장사 하면 안 된다고 파출소로 아이들과 함께 끌려갔다.

나도 울고 아이들도 울고 하니까 서장님께서 소리치며 이런 사람을 데리고 왔냐고 하면서 조금의 돈도 손에 쥐어주고, 짬뽕도 사 먹이고, 집으로 보내주었다.

밤이 무서웠다. 집에서 보내는 밤은 그 사람이 술만 취해 있는 날이면 아이들과 나를 싸잡아 폭력을 휘두르고 행패를 부렸다. 아이들과 숨었다가 아침이 되면 또 장사를 나가곤 하는 생활이 되풀이되었다.

나는 점점 모멸감으로 한없이 추락해가는 내 모습을 생각하며 지옥 같은 생활을 탈출하는 꿈을 꾸었다.

길거리를 떠돌며 온갖 행상과 여기저기 다니면서 목숨만 연명해 나가는 꼴이 되었다.

이사를 하고 또 이사를 하고 결국엔 친정집에서 보내게 된 때에도 그 사람의 폭력을 사그러들지 않았다. 그렇게 늘 매를 맞고 사는 나 때문에 부모님은 너무 속상해 하고 안타까워했다.

부모님이 너무 안타까워하시는 바람에 또 이사를 하고 동사무소에 가서 서류를 떼어보면 이사를 한 주소가 50번이나 되었다.

그렇게 지내면서 안 해 본 일이 없었다.

8년만에 교회에서 결혼식을 올리고

그 사람과 만난 지 8년 만에 주인집 권사님의 소개로 교회를 나가게 되었다. 4남매를 낳고, 권사님이 주선해 주셔서 교회에서 결혼식을 올릴 수 있게 되었다.

그리고 교회를 다니기 시작했다. 일상생활은 별로 달라진 게 없었지만 그래도 아이들 할머니가 오셔서 아이들을 맡기고 장사를 다닐 수 있었지만 장사란 것이 마음대로 잘 되지 않아 식당일까지 여기저기 다니면서 눈물과 한숨으로 얼룩진 나날을 보냈다.

교회에 가서 예배를 참석하고 온 뒤엔 참을 수 없는 욕설과 폭력을 일삼는 남편 때문에 아파서 잠도 제대로 잘 수 없어 새

벽 2시경 성전에 나가 주님께 울면서 기도를 올림으로 위안을
받을 수 있었다.

식당에서 일하는 나를 끌고 나가 발로 차고, 구타를 해서 식
당에도 나갈 수 없는 지경이 되었다.

남편은 머리를 찌고 구타하는 것도 모자라 화가 나면 눈에
보이는 것마다 손에 들고 나를 때리는 무기가 되었다.

그럴 때마다 부엌에 있는 칼이나 매질의 도구가 될 만한 것
들을 감추느라 정신이 없었다.

불쌍한 아이들

그렇게 살고 있는 아빠 엄마를 만난 아이들이 불쌍했다.

나 하나만 죽으면 이렇게 힘들게 사는 것도 끝이 날 것 같았다. 일일이 부모님께 이런 사정을 이야기 할 수도 없었다.

동생들도 보고 싶고 언니도 보고 싶어 친정에 가고 싶다고 하면 돈이나 가져오라고 윽박지르곤 했다.

나는 사람이 아니었다.

나는 벌레였다.

모든 고통과 고난도 하나님께 맡기자 하면서도 이렇게 힘들어질 때면 하나님도 나를 외면하는 것 같아 하나님도 믿지 못하였다.

정말로 하나님이 계신다면 이렇게 힘든 나를 지켜주지 못할까라는 생각이 들었다.

유리 가게를 시작했다.

방 한칸에서 4남매와 함께 밥이라도 먹고 살려면 또 못할 일이 무엇일까 싶어 닥치는 대로 일을 했다.

또 이사를 한 곳에서 이층에 있는 교회에 다니게 되었다.

나는 너무 고통스러워서 교회에 가지 않으려고 했다.

하나님도 나를 버리신 것 같았다.

그런데 전도사님, 사모님께서 하루에 한 번씩 방문하셨다. 나는 힘들지만 그 분들의 위로와 기도 때문에 몰래 몰래 새벽 예배를 다니기도 했다.

상처 받은 내 마음을 위로받고 싶었다.

머리채를 휘어잡고 피가 나도록 내동댕이 당하고 전도사님이 병원에 데리고 가주시고 비가 온 날이나 술 마신 날은 여지없이 발작 증세처럼 남편은 나를 구타했다.

문방구점을 개업했지만 그마저도 잘 되지 않아 그만 두고 수족관과 금붕어를 파는 가게를 내었다.

어려움을 당할 때마다 아이들과 함께 힘들어도 참고 살자고 수도 없이 다짐하고 다짐했다.

어려움 속에 신앙생활은 시작되고

내가 어려움을 극복하고 살아간 것은 전도사님과 사모님의
위로 때문이었다.

짐승만도 못한 생활을 하고 있는 나에게 그 두 분은 사람대접
해주고, 나를 따뜻한 손길로 인도해 주었던 그 마음이 나의 신
앙생활을 할 수 있는 힘이 되었는지도 모른다.

그런 환경 속에서도 힘이 닿는 데까지 아이들을 열심히 키
웠다. 그런데 남편이 집을 나가면 이상하게도 2~3일씩 집에
들어오지 않았다. 알고 보니 다른 여자와 딴 살림을 차리고 살
고 있었다.

그 덕분에 집에 들어오지 않는 날이 많아져 그런 날만큼은

나는 시달리지 않게 되어 조금은 편하게 되었다. 그런데 남편은 그 이후로 집에 돈을 하나도 갖다 주지 않았다.

혼자 힘으로 4남매와 함께 지내기가 너무 어려웠다. 쉴새없이 식당에 나가 일을 했다.

어느 날 퇴근을 하고 집에 돌아오니 남편이 와 있었다.

막무가내로 욕설을 하면서 친정에 가서 돈을 가져오라고 몰아붙이는 것이다. 차마 갈 수가 없어서 눈물만 흘리고 있는데 빨리 갖다 오지 않는다고 닦달을 하면서 또 때리기 시작했다.

머릿속이 온통 까만 어둠이 몰려오는 것처럼 죽을 듯이 맞았다. 나는 울고 울다 마지못해 친정으로 발길을 돌릴 수밖에 없었다.

친정에 도착한 나를 보고 부모님은 너무 놀라셨다. 이제까지 맞고 산다고 해도 이 정도인 줄을 몰랐다고 하시며, 엄마가 나를 붙들고 하염없이 우셨다. 얼굴은 까맣게 기미가 올라왔고 온몸에는 상처와 멍투성이었다.

친정에서도 돈이 마련되지 않아 머뭇거리고 있는데 남편이 친정에까지 쫓아와 나를 끌고 나가려는데 그 광경을 본 아버지가 너무 화가 나셔서 손에 붙잡히는 대로 나무를 들고 남편을 때렸다. 그 자리에서 남편은 아버지에게 잘못했다고 빌고, 부모님 앞에서 다시는 그러지 않겠다는 각서를 쓰고 친정집에서 집으로 돌아왔다.

집에 돌아오자마자 남편은 또 때리기 시작했다.

"하나님 도와주세요, 저를 도와주세요."

기도하고 또 기도했다.

한동안 따로 살림 낸 여자 때문에 집에 잘 들어오지 않아 경제적으로는 어려웠지만 마음이 편했었는데 남편의 구타는 또 시작된 것이다.

그렇게 친정에서 돌아온 후 엄마는 언니 동생들과 함께 우리집에 오셨다.

엄마가 돈을 조금 마련해서 갖다 주셨고, 쌀도 조금 사주시고, 반찬도 해주고 가셨다.

엄마와 언니가 돌아간 후 남편은 겨우 이 정도 가져와서 생색을 낸다며 나를 때렸다. 하루라도 맞지 않으면 이상할 정도였다. 그렇게 나는 늑대의 먹이로 세월과 함께 시들어가고 있었다.

그즈음에 이층이 비어 있었는데 작은 개척교회가 세를 얻어 입주를 하였다. 개척교회 전도사님 부부와 아이가 두 명이었고 성도는 내가 처음이었다. 그동안 삶이 고단해서 하나님을 솔직히 잊고 살았다. 그런데 전도사님이 이사를 오셔서 다시 하나님을 만날 수 있었다. 나는 미친 듯이 하나님께 매달렸다.

2층에 있는 교회는 나의 유일한 도피처였다.

그렇게 조금씩 하나님은 이 못난 딸을 포근히 안아주셨다. 나는 새벽기도를 드리며 결심을 했다. 하나님의 뜻이라면 무조건 따르겠다고 하나님과의 약속을 했다.

주님의 일이라면

교회는 성도가 없어 어려운 점이 한두 가지가 아니었다. 나는 식당에서 열심히 일을 해서 교회 쌀 단지가 비어있으면 채워야했다.

마음을 다하여 섬기다 보니 하나님은 부족한 나에게 집사직분을 주셨다. 더욱 책임이 무겁고 크다는 것을 실감했다.

드디어 전도사님께서 목사님 안수를 받으셨다. 나는 너무 기뻤다. 나를 사랑해주시고 가족 같은 두 분께 감사하고 감사했다.

어느 날 목사님께서 교회에 차도 필요하고 그래서 자동차 면허증을 따야하는데 돈이 필요하시다고 하셨다.

나는 집에 와서 생각을 했다. 내가 가지고 있는 돈은 장사밑 천인데 또 남편이 알면 불호령이 떨어질 텐데 망설이다가 나는 마음을 다잡고 교회에 가서 "목사님 잘하세요. 모든 것이 잘 될 거예요." 말씀드리며 목사님께 30만원을 드렸다.

나는 집에 와서 간절히 기도를 했다. 다행이 남편은 돈 이야 기도 안 하고 자연스럽게 넘어갔다. 나의 기도를 하나님은 절 대적으로 들어주셨음을 믿는다.

구역을 맡아서 교회 일을 시작하게 되었다. 여전히 남편의 폭력은 계속되어도 아이들 때문에 도망은 생각할 수도 없었 다. 주위에 사람들은 수군거렸다. 도대체 무엇 때문에 도망을 가지 못하는지 답답하고 궁금했나 보다.

그렇게 생활이 궁핍한 상황에서도 교회 일에 매달렸는데 성 도가 없으니 제정이 어려워 힘들기만 했다.

목사님은 면허증을 취득하시더니 요번에는 차를 사셔야겠 다고 하셨다. 나는 차를 사게 해달라고 40일 기도를 했다. 기 도가 끝나는 날, 내가 전도한 성도님에게 돈 이야기를 하니 선 뜻 2백만 원을 빌려주셨다. 그래서 목사님과 서울에 가서 튼 튼한 차를 구입했다. 얼마나 감사하고 기쁜지 찬송이 술술 나 왔다. 나의 믿음은 나날이 성장해갔다.

나는 제천 명암산 기도원에서 3일 금식기도를 했다. 그때는 남편이 이미 하나님 앞에 나와 내가 믿음 생활하는데 불편은 없었다. 기도를 하던 두 번째 날 나에게 큰 변화가 생겼다. 기도 중에 방언이 터지고 온몸이 땀으로 범벅이 되면서 하나님을 만나게 되었다.

그 이후로 나는 항상 웃는 얼굴로 사람들을 만나게 되었다. 모르는 사람들은 나를 보고 실성했다고 할 정도였다. 하루하루 생활이 기쁘고 감사하고 행복했다.

그렇다고 남편의 폭력과 욕설이 멈췄다는 것은 아니다. 여전했다. 교회는 전도를 열심히 해서 성도들이 자리에 채워지는 모습에 감사하기만 했다. 섬기는 마음으로 충성을 다했다.

우리 아들, 딸들도 교회에 나왔다. 은혜가 충만했다.

하나님의 기적, 기적의 보너스를 주시고

어느 집사님이 결혼한 지가 15년이 되었는데 아기가 없어 이혼 단계까지 왔다고 했다.

집사님과 나는 40일 작정 기도를 하기로 하고 매일 새벽에 교회에서 기도하고 또 나는 집사님 대문을 붙잡고 기도를 했다. "하나님 불쌍한 집사님에게 아기를 주세요." 기도 38일 되는 날, 집사님이 울면서 아이를 가졌다고 이야기를 했다. 우리는 얼싸안고 감사의 기도를 드렸다. 집사님은 신이 나서 전도도 잘하고 봉사도 앞장서고 열심히 교회 일을 하였다.

우리 집 아이들도 건강하게 잘 크고 수족관과 유리장사도 잘되었다. 다만 한 가지 남편의 폭력만 사라지면 천국이다 싶었다.

내가 무거운 유리를 들다가 허리를 다쳐서 고생을 많이 했는데 회복이 될 즈음에 4살 막내딸이 문어다리에 씌운 비닐봉지에 철사가 매여져 있었는데 아기가 어떻게 했기에 입으로 들어갔다. 목에 걸려서 아기가 숨이 막혀 눈이 뒤집히고 죽을 것 같았다.

나는 "주여, 주여, 주여" 소리치며 아기 등을 세게 내리쳤다. 그러자 목에서 피에 범벅이 된 비닐과 철사가 튀어나왔다. 마침 그날이 수요일이라서 저녁예배를 드리며 방금 일어난 일들을 간증했더니 성도님 모두가 박수를 치며 하나님께 감사기도를 해주었다.

매일 계속되는 구타와 욕설, 하나님이 같이 계셔서 참을 수 있었다.

고향에서 동생들이 방학이라고 놀러 왔다. 동생들이 와서 반갑고 즐거워야 되는데 내 마음은 어둠이었다. 혹시나 동생들 있는데 때릴까봐 걱정이었다. 역시 남편은 저녁을 잘 먹고 갑자기 밥통으로 내 머리를 내려치기 시작했다. 그 광경에 동생들과 아이들은 울고 또 울고 나는 무조건 내가 잘못했다고 싹싹 빌었다. 그럼 남편은 혈서까지 쓰면서 용서해달라고 했다. 정말 가도 가도 끝이 보이지 않았다.

집으로 간 동생들이 친정엄마에게 우리 집에서 일어난 일들을 모두 말씀 드렸으니 엄마 마음은 얼마나 아프셨을까? 나보고 제발 도망 좀 가라고 하시며 전화기 속에서 흐느끼신다.

한없이 추락되어가는 내 모습에 지옥 같은 생활에서 탈출하고 싶지만 4남매 때문에 갈 수도 없고 나만 참으면 될 것 같아서 참고 참았다.

나는 죽으려고 달리는 차에 뛰어들어 보기도 했다. 모진 목숨 그것도 마음대로 되질 않았다.

수족관 장사를 하다가 연립주택 3층에서 수족관을 안고 계단에서 굴러 떨어졌다. 그날부터 컵 하나도 들지 못했다. 한의원, 병원을 다녀도 진전이 없었다. 목사님과 성도님들이 중보기도를 새벽으로 낮으로 해주시어 정말 감쪽같이 치료가 되어 정상적인의 몸이 되었다. 하나님께서는 중보기도를 들어주셨고, 하나님의 능력은 끝이 없었다.

은혜의 통로

목사님께서 서울에 볼일이 있으셔서 새벽예배를 인도하라고 하셨다. 가슴이 두근거리며 걱정이 되었다.

나는 기도를 하며 준비를 했다. 사도신경으로 시작해서 찬양하고 간증을 했다. 그리고 하나님께 감사기도를 드렸다. 밤새 맞아서 눈은 시퍼렇게 멍이 들었는데도 감사의 찬양이 나왔다.

힘을 다해 열심히 전도를 했다.

전도가 잘되니 내 어깨에 날개가 달려있는 것처럼 기쁘고 은혜가 충만했다. 이런 날에는 여지없이 남편은 미친 사람처럼 날뛰었다. 그런 남편을 붙잡고 눈물의 기도를 했다.

하나님은 초등학교도 나오지 못한 나를 어여삐 여기시고, 보게 하시고 하나님의 일을 하는데 쓰게 해주셨다.

반복되는 일상에서 지쳐만 가는 나

집을 이사하고 가게도 문을 닫고 시어머니에게 아이들과 살림을 맡기고, 남편과 전국을 돌며 유리장사를 하였다. 한번 집을 나서면 일주일을 돌다가 집으로 왔다. 일주일 동안 아이들이 너무 보고 싶었다. 집에 오는 날에는 아이들이 좋아하는 것, 먹는 것 사서 돌아오는 것이 좋았다.

이 마을 저 마을을 다니면서 내 눈에는 유리 깨진 집만 보였다. 작은 여자 몸으로 유리를 끼는 일을 감당해야 했다. 일을 할 때만이라도 남편과 잠시라도 부딪치지 않아서 좋았다.

마을사람들은 키도 작고 손도 작은 여자가 일을 잘한다고 칭찬을 해주셨다. 마음이 따뜻했다. 시골은 일을 하고 나면 쌀도 주고 콩도 주고 여러 가지 곡식을 주었다. 유리일은 무척 잘되었다. 그렇게 지방으로 일을 다니다 보니 신앙생활을 소홀히 할 수밖에 없었다. 마음속으로 하나님 용서해주세요, 그리고 제발 남편의 폭력을 멈춰주세요. 하나님을 기쁘게 해드리는 딸로 살 수 있게 해주세요, 몇 번이고 기도를 하였다.

내가 오랫동안 교회를 못 갔더니 목사님이 오셔서 걱정해주시며 "주님 장선희집사님이 죽으나 사나 하나님 딸로 살 수 있게 해주세요." 기도를 해주셨다.

시어머님이 건강이 좋지 않아서 우리 집 살림을 놓고 집으로 돌아가셨다. 그래서 내가 살림을 해야 되니 남편과 같이 일을 다닐 수 없게 되었다. 남편은 함께 일할 사람을 구했다.

오랜만에 편안한 마음으로 교회에 가서 목사님 내외분과 이야기도 나누고 집에 돌아와 대청소도 하고 아이들 좋아하는 음식도 만들고 행복에 젖어있을 때, 남편은 전화에 대고 소리를 지르며 장사가 안 된다고 신경질을 부렸다.

결국 4개월 만에 일하는 사람이 그만 두었다. 남편이 손찌검을 했다고 한다. 다시 시어머님이 오시고 나는 남편과 장사를 다니게 되었다. 숨 막히는 공포와 두려움의 생활이 또 시작되었다. 골목, 골목을 다니며 "유리 끼세요, 유리 끼세요." 나는 큰소리로 외쳤다.

친정아버지가 돌아가셨다

친정아버지가 돌아가셨다고 전화가 왔다. 며칠 전에 병원에 입원하셨는데도 가지를 못했었다. 아버지가 돌아가시기 일주일 전에 우리 집에 오셔서 퉁퉁 부어있는 내 얼굴을 보시고 아버지는 살이 쪘다고 오히려 좋아하셨다. 차비 2만원을 드렸는데 그렇게 좋아하셨다고 나중에 어머니께 들었다.

남편은 장례식장에 가지 말라고 소리를 질러댔다. 시어머님이 그러면 안 된다고 살살 달래서 같이 장례식장을 가게 되었다. 온 식구들이 울고 있는데 언니가 나를 보고 왜? 도망도 못 가고 바보같이 사느냐고 나를 붙잡고 통곡을 하였다.

남편은 상주의 몸으로 화투를 치면서 돈을 잃었다고 나를 밖으로 끌어내어 목을 조르고 발로 차고 악마의 얼굴이었다.

내 목은 구렁이가 칭칭 감은 것처럼 시퍼렇게 멍이 들었지만, 보이지 않게 스카프를 하고 삼우제에 참석했다.

보따리를 싸고 풀고

나는 몸이 아파서 장사를 따라가지 못하고 어머님과 아이들하고 모처럼 오붓하게 저녁을 먹었다. 나에게 심경에 변화가 왔다. 오늘밤에는 도망을 가야겠다고 굳게 다짐을 하고 옷을 챙겼다. 그런데 아이들 잠든 모습을 보니 마음이 허물어졌다. 도저히 발길이 떨어지지 않았다. 나는 쏟아지는 눈물을 훔치며 다시 보따리를 풀어야 했다.

다음날 남편이 장사를 하고 일찍 들어왔다. 나는 도마에 있는 생선처럼 바들바들 떨었고, 아이들도 구석에서 두려움에 떨고 있었다. 그런데 온순하게 시장을 가자고 한다. 아이들에게 음식을 사 먹이고 집에 먼저 들어가라고, 남편은 잠깐 어디 좀 들렀다 온다고 했다. 전에도 남편이 외도를 하면 미안한지 음식을 사주곤 했었다.

나중에 사건이 터지고 보니 남편이 여자를 납치해서 데리고 다녔던 것이다. 그래서 그 여자 집에서 신고를 해서 남편은 경찰서에 붙잡혀 있었다. 결국 나는 집을 팔아서 합의금을 주고 남편은 경찰서에서 풀려나오게 되었다.

경찰아저씨는 이렇게 착한 부인을 두고 왜 그리 못된 짓을 했느냐고 남이지만 화가 난다고 했다.

그래도 사남매의 아빠니까 어쩔 수가 없었다.

그날 밤에 나는 눈물을 흘리며 달리는 차에 몸을 던졌다. 깨어 보니 병원이었다. 팔은 부러지고 온몸은 타박상이라고 하시면서 그래도 이 정도인 것이 천만다행이라고 의사선생님이 말씀하셨다.

집 팔고 나머지 돈으로 시골에 작은집을 사서 이사를 했다. 그리고 남편과 같이 유리 장사를 하러 다녔다. 그래도 아이들을 위해서 열심히 일했다. 하지만 남편과 같이 있는 시간은 지옥이었다.

드디어 지옥의 늪에서 탈출하다

아이들은 엄마가 집에 들어오는 날이 제일 기쁘고 신나는 날이다. 아이들과 시장에도 가고 냉장고도 채우고 맛있게 음식을 해서 먹고 이야기꽃을 피우다 모두 잠이 들었는데, 남편이 잘 자다가 갑자기 일어나 밖에 나가 오토바이 탈 때 쓰는 헬멧을 가지고 들어와 내 머리를 사정없이 때리는 것이다. 피는 분수처럼 솟아나오고, 방은 피바다를 이루었다.

하늘에서 별이 보이면서 이제는 죽는구나 이렇게 내가 맞아 죽는구나 생각하면서 소리를 질렀다. 시어머니가 들을 수 있도록 소리를 질렀다. 피가 얼굴을 덮어서 앞이 보이지도 않았다. 어머니가 이러다 사람 죽는다고 소리를 치자 잠시 조용해졌다. 순간 나는 대변을 본다고 화장실에 가야된다고 하니까 남편은 그 자리에서 싸라고 했다.

나는 빨리 갔다 온다고 사정을 하고, 화장실 정말 쪼그만 창문으로 얼굴을 내밀고 그대로 탈출을 했다.

나는 발가벗겨져 있었고 팬티만 입은 상태였었다. 정신없이 달리다 남편이 나를 찾는 소리에 고추밭에 납작 엎드려 숨었다. 모기들이 내 몸에 피를 빨아먹어도 꼼짝도 하지 않았다. 들키는 날에는 죽을 것 같았기 때문이다. 마을에 있는 개들이 짖어대고 시끌시끌 했다.

한참을 땅바닥에 있다가 조용해져서 나는 고추밭 옆 혼자 사는 아주머니 집으로 들어갔다.

내 꼴을 보시고 깜작 놀라시며 피 묻은 얼굴과 몸을 닦아주셨다. 나는 도망갈 수 있게 도와달라고 애원을 했다. 아주머니는 뜨거운 물과 옷을 주시면서 산 너머 가면 집이 있는데 새벽 4시 30분에 구정물을 가지러 오는 차가 있다고 하시며 그곳에 가라고 하셨다.

아주머니 큰옷을 입고 머리에 수건은 쓰니 허수아비 같다는 생각이 들었다.

나는 산을 넘어가는데 산소가 보여도 무섭지도 않았다. 정말 정신없이 가다 보니 집이 한 채 있었다. 나를 보더니 벌써 고추밭 아주머니가 전화해서 내가 올 것이라고 알고 계셨다.

아주머니는 내 꼴을 보고 너무 불쌍해서 마음이 아프다 하시며 약을 발라주시고, 뜨거운 밥도 주시고 나를 달래주셨다. 지금은 일단 몸을 피하고 나중에 아이들은 찾으면 된다고 하셨다. 정말 고마운 분이셨다.

4시 30분이 되자 구정물 차가 왔다. 아주머니가 구정물차 아저씨에게 소상히 이야기해 주시고 내손을 잡으며 잘살아야 된다고 하시며 눈물을 흘리셨다. 아저씨는 택시를 탈 수 있는 곳에 내려주셨다. 나는 몇 번이고 고맙다고 감사하다고 인사를 드렸다.

나는 번개처럼 택시를 탔다. 무조건 부여로 가자고 했다. 부여에는 큰언니가 살고 있었다. 충주 장원에서 부여까지 택시비는 10만원이었다. 언니는 나를 보자 귀신을 본 듯이 깜짝 놀라며 나를 안고 그렇게 한참을 울었다.

네가 이렇게 된 것이 다 언니 자신 때문이라고 하면서 가슴을 쳤다. 그때 내가 장사한다고 네가 와서 아기 돌보고 살림해

주다가 그 나쁜 놈에게 납치를 당했으니, 다 내 탓이라고 울며 불며 오열을 했다.

　나는 부여에서 20일 동안 몸을 추스르고 부산에 있는 사촌 언니 집으로 갔다. 물론 부여에 있을 때 남편이 나를 찾으러 언니 집에 와서 행패를 부리며 이 잡듯이 구석구석 찾다가 돌아갔다. 언니는 나를 깊숙한 곳에 숨겨주어 죽을 고비를 무사히 넘겼다.

객지에서 본 밤하늘의 별은 아이들 얼굴로 보이고

사투리가 심한 낯선 곳, 부산에 도착해서 나는 식당일을 시작했다. 아귀찜전문 음식점에서 먹고 자며 오로지 아이들 생각만 하며 열심히 일을 했다. 늦은 저녁이 되어 모두가 가고 혼자 덩그러니 남아 있으면 아이들이 너무 보고 싶어 죽을 것만 같았다.

주인한테 인정도 받고 신임도 받았다. 내가 돈을 벌어야 아이들을 데려올 수 있다는 생각에 몸은 생각하지도 않은 채 죽어라 일만 했다. 힘들고 지쳐도 참고 참았다

그래도 비가 오는 날이나 동네 아이들을 보면 집에 두고 온 아이들 생각이 더욱 깊어만 갔다.

시간은 그렇게 지나 첫 월급을 탔다. 좋으면서도 집에 두고 온 아이들 걱정에 뜨거운 눈물이 내 가슴까지 적셨다. 은행으로 달려가 저금을 했다.

아이들이 너무 보고 싶어 집에 전화는 못하고 동네 아주머니에게 했더니 아이들은 다 잘 있으니 딴 생각 말고 돈이나 많이 모으라고 당부하셨다.

'불쌍한 내 새끼들 조금만 기다려라 엄마가 돈 벌어서 너희들 데리러 갈 때까지 기다려라 엄마가 미안하다.' 하며 기도만 할 수밖에 없었다.

두 달이 되어 월급을 타고 또 삼 개월이 되어 가는데 나는 더 버티지를 못하고 아이들이 보고픈 그리움에 집에 전화를 했다. 그것도 내가 무지해서 식당 전화로 했으니 집 전화에 남아 있는 줄도 모르고 집에 아무도 없어 전화를 안 받는 구나 생각을 하고 태연하게 잠을 자는데 전화가 울렸다. 나의 크나큰 실수였다.

전화를 받았다. 악마, 남편이었다. 소리를 치며 울었다. 거기가 어디냐 전화 끊지 말라고 울면서 사정을 했다. 나는 얼른 전화를 끊었다. 두근거리는 마음을 다잡고 있는데 계속 전화가 울려 다시 받았더니 아이들이 "엄마 어디 있어" 하는 소리에 나도 모르게 "그래 엄마가 잘못했다" 둑이 무너지듯이 내 자식들 목소리에 그냥 주저앉고 말았다.

남편은 부산에 가서 전화 한다고 했다. 그 말을 듣는 순간 너무 무서워서 다리가 떨리고 서있기조차 힘들었다.

남편은 아이들을 데리고 부산에 도착하였다. 내가 일하는 식당에 들어서자 나를 안고 울면서 집에 가자고 했다. 어쩜 이럴 때는 순한 양일까? 이제까지 살면서 충분히 알았으면서도 나는 모든 것을 포기했다.

아침에 주인에게 모든 사정을 이야기하고 은행에서 돈도 찾고 집으로 다시 돌아왔다.

다람쥐 쳇바퀴 도는 내 인생

집에 오니 시어머니가 계셨다. 또 장사는 시작되었다. 아이들에게 마음에 상처를 주어 미안했다. 더 열심히 일을 했다. 일주일 장사하고 집으로 오는 날 감사했다. 일주일이 편안하게 지나가서 남편이 이제는 마음을 고쳐먹었나 하고 내 마음이 기뻤다.

시장에 들러서 아이들 좋아하는 것을 사가지고 오니 아이들이 무척 행복해 하였다. 김치를 담그고 집도 청소하고 저녁식사를 온 가족이 둘러앉아 얼굴 바라보며 먹으니 아이들도 좋아하고 나도 좋았다.

남편이 잠깐 나가고 없는 사이 고추밭 아주머니가 오셨다.

나는 전번에 도와주서서 감사하다고 인사를 했다.

"이 바보야 집에 왜 들어와 또 때리면 어쩌려고"

" 설마 이제는 잘할 거예요"

걱정을 태산같이 하시고 돌아가셨다.

남편은 케이크와 과일을 사가지고 와서 아이들과 같이 먹었다. 조금 불안하기는 했지만 애써 태연한 척을 했다. 그렇게 조용히 2개월이 지나고 아이들 마음도 안정을 찾은 것 같았다. 장사도 잘되었다.

단지 교회생활을 잘하지 못하고 믿음은 약해져 있었다.

남편에게 교회에 나가자고 했더니 혼자 가라고 했다. 교회에 다녀오면 나를 힘들게 하였다. 예배에 참석하고 오면 참을 수 없는 행패와 모멸감으로 한없이 추락되어가는 내 모습에 또 다시 두 번째 탈출을 해야겠다는 마음이 들었다.

이번에는 아이들도 같이 데리고 나가야겠다는 생각이 들었다. 남편의 구타와 욕설은 낮과 밤을 가리지 않았다. 제 버릇 개 못 준다더니 며칠이 지나고 저녁에 들어와 욕을 하기 시작했다.

연탄집게로 때리기 시작했다. 아이들하고 잘 살아보려고 들어왔는데 참으로 야속하기만 했다. 아이들도 우리가 크면

엄마 찾을 건데 왜 들어와서 이렇게 맞아야 되냐고 하면서 우리가 아빠를 잡고 있을 테니 빨리 도망가라고 한다.

그러는 사이 연탄난로 뚜껑이 날아와 내 머리에 맞았다. 방 안은 피바다가 되었고 아이들은 엄마를 살려달라고 울면서 매달렸다.

아이들 덕분에 잠잠해지고 남편은 잠이 들었다. 그 틈에 나는 두 번째 가출을 하였다.

죽으면 죽으리라

대전에 살고 있는 동생 집으로 갔다. 내 모습이 초라해서 동생한테 미안했다. 그리고 대화동 식당에서 일을 하게 되었다. 잠은 동생 집에서 잤다. 15일 정도 있었는데 남편이 찾아와서 행패부리고 동생한테 해코지 할까봐 방 하나를 얻었다. 동생도 잘 생각했다며 이불과 옷과 먹을 것을 가지고 왔다. "언니는 맞을 만큼 맞고, 참을 만큼 참았으니 마음을 독하게 먹어라 더 이상 속지 말고" 동생은 용기를 주었다.

그렇게 7개월이 지났다. 불쌍한 아이들 생각에 낮에 집으로 전화를 걸었다. 한참 지나고 나니 딸이 받았다. "엄마 나야 나

좀 살려줘 나 데리고 가" 하면서 울었다. "그래 너도 와라" 대전 터미널에서 딸을 만났다. 그날 밤을 같이 누웠는데 기가 막혀 잠을 이룰 수가 없었다. 딸을 오랜만에 안으니 나머지 아이들이 더 보고 싶어 그냥 소리 내어 울었다.

항상 내 마음은 불안하고 초조했다. 남편이 찾아올까봐 걱정이 되었다.

집에 있는 아이들이 걱정이 되어 전화를 해서 안심을 시키고 나는 죽으면 죽으리라 결심을 하고 집을 갔다. 가보니 아이들은 비참하게 살고 있었다. 쌀도 없고 돈도 없었다. 남편은 집을 나가 다른 여자와 살림을 차려 살고 있다고 했다.

그날 밤 아이들과 누워서 많은 이야기를 했다. 우선 한 달에 한번 아이들 집에 가기로 약속을 했다.

대전에 온 딸은 회사 사무실에서 성실하게 근무를 하고 나는 식당에서 열심히 일을 하였다. 시골집에 있는 아이들도 1년이 되어 모두 데리고 왔다. 뜨거운 눈물이 쏟아졌다. 불쌍한 내 자식들 부모 잘못 만나 정신적인 고통이 깊었으니 그저 엄마로써 미안하고 안타깝기만 했다.

연립주택을 얻었다. 천국이었다. 사남매와 함께 생활을 하니 부러울 것이 없었다. 이제는 우리 힘을 합쳐 새로운 마음으로 새롭게 시작하자. 아이들과 힘내자 다짐을 하고 다짐을 했다.

큰아들은 단청 일을 하고, 큰딸은 회사 사무실에서 일하고, 둘째딸은 백화점에서 일을 하고, 작은딸은 네일아트 학원에 다니고, 각자 자기의 일에서 책임을 다하고 있었다.

작은 딸은 1년 후에 네일아트 자격증을 획득해서 작은 가게를 차렸다. 참으로 대견했다.

제2의 인생이 시작되다

드디어 내 가게를 차리게 되었다. 음식에 정성을 다하니 식당은 퍽 잘되었다. 그런데 문제는 내가 키도 작고 왜소하다보니 내 나이를 보지 않고 남자들의 눈길이 멈추어서 나를 힘들게 하였다.

한번은 언니가 맛있는 것 먹자고 나오라고 해서 식당 문을 닫고 가보니 지금의 남편이 언니와 함께 있었다. 아직도 젊은데 어떻게 혼자 사느냐 하면서 상처가 있는 사람은 상처가 있는 사람끼리 서로 도우며 살아야 한다고 했다. 정말 남자라면 지긋지긋한데, 나는 언니에게 남자소개는 없었던 것으로 하고 했다.

그런데 지금의 남편은 식당으로 찾아오고, 식당 앞에서 기다리고, 아니면 집 앞에서 기다리며 나를 힘들게 하였다. 언니는 괜찮은 사람이라고 교제해 보라고 권했다.

지금의 남편도 내가 싫다고 하면 죽는다고 하며 나를 따라다녔다. 이것이 나의 운명인가? 하나님은 이 사람이 불쌍해서 나한테 보내셨나 하며 생각하였다.

어머니가 계시고 6살 아들도 있었다. 도저히 지금의 남편을 만나면 안 되겠기에 나는 결심을 하고 식당을 처분했다. 그리고 남의 식당에 일을 다녔다.

그런데 내가 일하는 식당을 어떻게 알고 퇴근할 때까지 기다리고 내가 피하면 밤새도록 찾고, 안 만나주면 죽는다고 하며 죽자고 매달렸다. 내가 마음이 약해서 문제였다. 그를 이해하기 시작했다.

이제는 주님께 맡기기로 했다.

주님은 언제나 내 곁에서

남의 집 차고를 빌려서 다시 식당을 열었다. 간판 이름은 "신호등" 이라고 하였다. 마침 옆에 살고 계시는 지금의 충일 교회 전도사님 부부를 만나면서 다시 교회를 나가게 되었다. 부부는 식당에 자주 오셨다. 그때 사모님은 아이를 가지고 있어 더 가까워졌는지 모른다. 나는 가게에서 생활을 해서 새벽 기도를 하러 가겠다고 했다.

다음날 그분들이 있는 교회를 찾지 못하고 그냥 돌아왔다고 말하니, 주일날 직접 그분들이 식당으로 오셨다. 그래서 교회를 나갔다.

지금 섬기고 있는 옥계동 충일교회이다. 나는 첫 시간부터 은혜가 충만했다. 하나님께서 '딸아 왜 이제 왔느냐 너를 기다렸다' 말씀하시는 것 같았다. 나는 빠지지 않고 출석을 하며 예배를 드렸다.

식당은 골목에 있어서인지 장사가 잘되지 않았다. 그럴수록 싱싱한 야채와 좋은 재료로 정성을 다해 만들었다. 그렇게 1년이 되었다.

지금의 남편은 내가 그만 만나자고 하면 죽는다고 자기 목을 조르며 나를 힘들게 하였다. 그즈음에 그 사람의 어머니가 눈길에 넘어져 다리를 다쳐서 병원에서 치료하고 큰집에서 계셨는데 다시 집으로 오셨다고 했다.

나는 무슨 마음으로 그랬는지, 하고 있던 식당을 처분하고, 그 사람 어머니 수발을 자청해서 해드렸다. 화장실도 못 가시니 모든 것을 방에서 해결했다. 냄새 때문에 무척 괴로워서 주님께 기도를 하였다. 대변 냄새를 단내로 바꾸어 달라고 기도했다.

병원에도 모시고 다니면서 음식과 살림을 해드렸다. 그렇게 하면서도 내가 왜? 이러고 있지 내가 내 자신에게 놀라기도 했다.

식당일도 하고 교회도 나가고 하며 열심히 살았다. 하지만 열심히 한다고 다 잘되면 무슨 걱정이랴 내가 벌어서 아이들과 생활해야 하는 것도 힘든데 그 사람까지 내가 신경을 써야 하니 정말 감당할 수가 없었다.

그 사람은 사업을 하다 실패를 해서 엄청난 빚으로 허덕이고 있었다. 나는 주님께 그 사람과 헤어지게 해주세요. 도와주세요. 기도를 했다.

그렇게 세월은 흐르고 나는 다시 거리에서 붕어빵 장사를 하기도 하고, 계란빵 장사 옥수수 장사 돈이 된다면 가리지 않고 했다. 리어카를 끌고 이곳저곳 다녔다. 그때 유일한 희망은 라디오에서 나오는 극동방송이었다. 극동방송을 좋아했고 열심히 들었다.

지나가는 세월은 주먹 사이로 빠져 나간다더니 그 사람 만난 지도 4년이나 되었다. 서로 왕래는 하며 지냈다. 우리 아이들도 잘 따랐다.

마음에 상처가 많은 아이들인데 그 사람이 아이들에게 진심을 다해 잘해주니 내 마음도 눈 녹듯이 그 사람 마음을 슬그머니 받아들이고 있었다.

그 사람 아이는 우리 아이들에게 누나, 형아 부르며 안겼다.

아이를 보고 마음이 무척 아팠다. 나를 보고 뭐라고 부르냐고 하기에 고모라고 불러 했더니 "싫어 엄마라고 할 거야." 너무도 귀여운 아들을 얻어서 감사했다. 아이가 나를 좋아하고 잘 따랐다. 큰 축복이라 생각했다.

우린 아이들 5남매와 함께 자주 모여 식사도 하고 만나니 조금씩 정이 깊어져갔다. 나는 집을 가양동으로 옮겼다. 식당에서 5시간을 일하고 6시간은 옥수수 장사 행상을 하였다.
피곤한 몸이지만 극동방송을 들으며 힘을 내어 전도 할 수 있는 것이 감사했다.

새벽예배를 드리기 위해 가양동에서 옥계동 충일교회까지 2시간을 걸어도 주님이 지켜주셔서 행복하기만 했다.
어느 날 새벽기도를 끝내고 걸어가는데 키가 큰 청년이 내 가방을 날치기 하려고 가방을 잡고, 나는 빼앗기지 않으려고 가방 줄을 잡고 소리를 질렀다.
"주여, 주여. 주여" 있는 힘을 다해 소리를 쳤다.
그때 저쪽에서 택시 한 대가 불빛을 쏘며 다가왔다. 가방에 현금 8만원 장사밑천이 들었는데 청년은 포기하고 달아났다.
주님은 언제나 내 곁에서 지켜주고 계셨다.

내 이름은 장선희 무서울 것도 없다

통통하고 예쁘기만 한 딸이 하루가 다르게 체중이 빠지는 것이 눈에 보였다. 나는 다이어트를 하나 보다 생각했다. 그런데 알고 보니 사채를 빌려서 사채업자들에게 시달리고 있었다. 메이크업을 배우려고 사채를 빌렸던 것이었다.

집안에는 빨간딱지가 가구와 전자제품에 붙어 있었다. 너무 놀라서 멍하니 하늘만 바라보니 내 신세가 처량하여 눈물이 앞을 가렸지만 놀란 딸아이 앞에서 울 수도 없었다. 부모가되어 자식이 하고 싶은 일을, 배울 수 있도록 밀어주지 못한 죄책감에 괴로웠다.

사채업자는 매일 집 앞에서 지키고 있었다. 정말 피도 눈물도 없는 사람들이었다. 불안하고 무서워 사람 사는 것이 아니었다. 나는 일하는 식당에서 백만 원을 가불해서 딸을 데리고 무작정 서울로 올라가 방을 얻으려고 돌아다녔다. 겨우 구한 방은 지하에 창문도 없고, 공중화장실이 방문 앞에 있어 냄새가 심하게 났지만 선택의 여지가 없었다.

금쪽같은 딸아이를 상경시키고 한 달에 한 번씩 쌀과 생필품을 보내주었다. 그리고 지금의 남편과 사채업자를 만나 해결을 보았다. 1년 동안 갚기로 결정을 하였다.

이 또한 주님께서 도와주셨음을 나는 안다.

웨딩드레스와 하나님의 기적

하나님은 내 기도를 들어주셨다. 집을 가양동에서 석교동으로 옮겨주시고 옥수수 장사와 교회생활도 잘 할 수 있게 도와주셨다.

드디어 지금의 남편과 2006년 4월 1일 12시 대전예식장에서 목사님을 모시고 결혼식을 올렸다.

"후회하며 살지 말라고" 목사님은 말씀하셨다.

우리는 한 집에서 함께 하는 생활이 시작되었다. 생각만큼 화려한 출발은 행복하지 않았다.

그 이후에 큰아들도 결혼을 해서 아들, 딸 낳고 알뜰하게 저

축한 결과 집도 장만하고 잘 살고 있다. 아들은 아무나 할 수 없는 "단청기술자"다. 믿음직하고 자랑스럽다.

오 남매가 각자의 일에 충실하며 성실하게 살아가고 있다.

나도 내 사명에 충성하며 기도를 했다. 리어카 장사가 힘들어 가게를 주십사 하고 40일 작정기도를 했다.

어느 날 목사님이 밥을 사주신다고 만나자고 해서 남편과 같이 갔다. 식사를 하고 목사님께서 ㅇㅇ집사님이 아프다고 하시며 같이 심방을 가자고 하셨다. 심방을 간 곳은 현재 내가 김밥장사를 하고 있는 가게였다.

내 입에서 나도 모르게 "목사님 이 가게 내가 할게요. 죄송하지만 저 집사님 한 달도 못 살아요. 돌아가시면 연락주세요." 목사님 깜짝 놀라시며 알았다고 하셨다. 정말 한 달도 안 되어 목사님이 전화하셨다. 지난번에 본 가게 할 생각이 있으면 나와 보라고 하셨다.

나는 간절히 기도를 했다. '하나님 김밥가게를 주세요.'

돈은 없는데 걱정이 안 되었다. 무슨 배짱인지 딸 결혼식 15일 앞두고, 계약을 하고 2009년 10월 26일 김밥가게를 시작하게 되었다.

나의 기도를 들으시고 하나님께서 또 기적을 보여주셨다.

살기 위해 기도하고
기도하기 위해 산다

　좋은 마음도 잠시 김밥가게는 1년 동안 장사가 되질 않아 매출이 없었다. 그러나 실망하지 않고 열심히 기도했다. 피곤하고 힘든 가운데서도 밤마다 성전에서 눈물로 기도했고 새벽마다 부르짖었다. "주 나를 박대하시면 나 어디 가리까……."

　시멘트 바닥에 꿇은 무릎에서 피가 나기도 했다. 새벽에 성전을 가다가 눈길에 넘어졌어도 그 자리에서 기도했다. "주님이 도와주지 않으면 저는 살 수 없습니다. 주님, 저를 축복해 주세요."

언젠가 목사님께서 "살기 위해 기도하고 기도하기 위해 산다"는 말씀을 하셨다. 그렇다. '기도해야 살 수 있다' '살기 위해 기도해야 한다' '기도하지 않으면 나는 죽는다' 몇 번이고 다짐했다.

남편과 자녀들을 위해 기도했다. 저들은 아직 어린 영혼이다. 나의 기도가 절대적으로 필요했다. 맡은 여전도회를 위해서도 기도해야 했다. 전도부장의 중책을 맡았으니 또 기도해야 했다. 목장 리더의 사명을 맡았으니 목장의 양들을 위해 기도해야 했다. 교회와 목사님을 위해서도 기도해야 했다. 중보기도의 사명을 받았으니 이 모든 일을 위해 기도해야 하는 것이 또 나의 삶의 이유다.

사랑하는 내 딸아!
아무 염려하지 마라

밤 12시 기도를 시작했다. 하루 3시간 정도 잠을 자면서 열심히 매달렸다. 과로로 쓰러지기도 했지만 죽으면 죽으리라, 하나님만 의지했다. 약속의 말씀을 붙들었다. '너는 내게 부르짖으리라 내가 네게 응답하겠고 네가 알지 못하는 크고 은밀한 일을 보여주리라'

주님! 크고 은밀한 일을 보기를 원합니다. 주님은 놀라운 회복과 치유, 축복을 약속하셨는데, 주님 약속의 말씀을 의지하여 기도했다. 눈물의 기도는 계속되었다.

그러던 어느 날 성전에서 기도하던 중 주님의 음성이 들렸다. "사랑하는 내 딸아! 아무 염려하지 말아라" 눈물이 하염없이 흘렀고 마음에 평화가 강물처럼 흘러 넘쳤다. 그 동안의 모든 마음의 상처가 치유된 듯했고, 육신의 피곤도 풀어지는 듯했다.

크게 기대할 것이 없었던 조그만 김밥가게, 10평도 채 되지 않았던 그곳에서 드디어 기적이 일어나기 시작했다. 새벽마다 사람들이 김밥을 사러 줄을 서는 것이었다. 일꾼들, 놀러가는 사람들, 출근하는 사람들이 김밥가게 앞에서 줄을 서며 김밥을 사기 시작한 것이다. 신탄진에서까지 오기도 했다.

할렐루야! 전적인 하나님의 은혜요, 기도의 응답이었다. 안채까지 얻어서 김밥가게를 두 배로 늘렸다. 계속되는 하나님의 은혜와 축복 속에 옆에 붙어 있던 안경가게를 얻어 다시 두 배 이상으로 늘려 지금의 가게는 50평이나 되는 큰 가게로 성장했다.

기도의 응답은 계속되고…

하나님은 자녀들을 축복해 주셨다. 남편과 같이 온 6살 아들도 지금은 26살 멋진 청년으로 성장하여 서산 기아 자동차에서 근무하고, 성실히 저축을 잘해서 통장이 두둑하다. 2남 3녀의 엄마로서 오직 예수님만 바라보며 찬양할 수 있어 감사하기만 하다. 서울로 간 딸은 백화점에서 직원을 두고 "해지스"라는 옷 가게를 한다. 착하고 성실한 남자친구도 있다. 또 열심히 모아서 집도 샀다. 또 막내딸은 네일아트를 운영하는 사장이 되었다.

무엇보다 감사한 것은 남편의 변화다. 남편을 처음 만날 때는 성격도 이상하고 예수님도 몰라서 너무 힘들었다. 그런데 어느 날부터 모든 것이 변하고 교회에 나와 세례도 받고 집사가 되었다. 처음 교회에 나가자고 간곡히 말할 때에는 우리집 강아지 달봉이 머리에 뿔나게 될 때까지 기다리라고 했던 사람이다.

그런 사람이 나의 40일 작정 기도 중 3일을 앞두고 교회에 나왔다. 나는 너무 좋아서 박수를 치며 춤을 추었다. 그 후 교회에서 부흥회를 하는 날 목사님의 안수를 받고 성령의 은사(방언)도 체험했다. 지금은 믿음의 가장이요, 성실한 남편이며, 나의 든든한 후원자가 되었다. 능력의 하나님은 멋지게 해내셨다.

병을 낫는 기적도 여러 번 체험하게 되었다.

오래전부터 고질적으로 앓아오던 가슴 통증이 있었는데, 담임 목사님의 손길을 통해서 성령께서 깨끗하게 낫게 해 주셨다. 또 입에서 냄새가 심하게 나서 잠에서 깨면 물을 먹곤 했는데 이 또한 깨끗하게 치료가 되었다.

하나님께서 우리 가정에도 집을 주셨다.

3백만 원으로 집을 샀다면 누가 믿을까?

우연히 신문을 보다가 시세보다 싼 집이 매물로 나와서 친한 권사님에게 집을 사야겠다고 말씀을 드리니 계약금도 없는

데 집을 어떻게 사느냐고 하셨다. 그리고 덜컥 천만 원을 빌려
주셨다. 남편하고 집을 보러 갔는데 갑자기 남편이 천장에 종
이를 뜯어내는 것이다. 나는 놀라서 왜 그러느냐고 물으니까
"이 집 우리가 매입할 것인데." 하였다.

　속전속결이었다. 분명 남편은 나보다 믿음이 좋았다. 이사
하는 날 비가 내렸다. 나는 기도를 했다.

　"하나님 도와주세요, 한 시간만 비 그치게 해 주세요" 하나
님은 내 기도를 들어주셨고 무사히 이사를 할 수 있었다. 짐을
풀고 남편과 나는 너무 좋아 잠을 이루지 못했다.

하나님께 쓰임 받는 영광스러운 삶이…

극동방송에서 개국 20주년 기념 방송 청취 수기에 잡초 같은 나의 삶의 기나긴 여정이 당선되어 다른 당선자들과 함께 한 권의 책으로 만들어져 많은 하나님의 사람들에게 위로와 감동을 주게 되어 얼마나 감사한지 모른다. 이를 계기로 나의 삶에 역사하신 하나님을 간증하러 다니기도 한다.

섬기는 교회에서 현재 6여전도회 회장, 전도부장, 목장리더로 열심히 섬기고 있다. 또한 부족하지만 어려운 이웃들을 도우며 개척교회도 돕고 있다. 모든 것이 하나님의 은혜.

하나님께서는 앞으로도 나와 우리 가정을 하나님의 날개에 태우시고 높은 곳으로 인도하시리라 믿는다. 앞으로 주님나라 확장과 주님의 일꾼으로 주님을 기쁘시게 해 드리는 일에 최선을 다할 것을 다짐해 본다.

나의 삶과 하나님의 기적

장선희 신앙체험수기

발 행 일 | 2014년 2월 20일
지 은 이 | 장선희
발 행 인 | 李憲錫
발 행 처 | 오늘의문학사
출판등록 | 제55호(1993년 6월 23일)
주   소 | 대전광역시 동구 삼성1동 125-6 한밭오피스텔 401호
전화번호 | (042)624-2980
팩시밀리 | (042)628-2983
홈페이지 | http://www.lito77.co.kr(홈페이지)
전자우편 | hs2980@hanmail.net

공 급 처 | 한국출판협동조합
주문전화 | (070)7119-1741~2
팩시밀리 | (031)944-8234~6

ISBN 978-89-5669-596-9
값 7,000원